Die besten GU Tips

Susi Piroué

Wein

- Kennen
- Wählen
- Genießen

Ein Wort zuvor

Den besten Tip zum Thema Wein möchte ich Ihnen gleich vorweg geben: Trinken Sie den Wein, der Ihnen schmeckt, aus dem Glas, das Ihnen gefällt, in der Gesellschaft, in der Sie sich wohl fühlen. So einfach ist das mit dem Weingenuß.

Wein genießen bedeutet aber auch, ihn betrachten, ihn riechen und natürlich – ihn schmecken: Nicht umsonst sind die Menschen seit Jahrhunderten bemüht, aus dem Rebensaft etwas Unverwechselbares zu schaffen.

Weinfreunde und diejenigen, die es werden wollen, sind neugierig. Sie möchten einfach mehr wissen, um dem Geheimnis des Weines auf die Spur zu kommen. Sie wollen wissen, warum der eine Wein so und der andere anders schmeckt. Sie wollen auch wissen, wie sie ihn am besten lagern, richtig servieren und, und, und …

Die vielen nützlichen Tips und wichtigen Informationen in diesem Buch helfen Ihnen, Ihre Neugier zu befriedigen und das Geheimnis zu lüften.

Inhalt

Wein – ein Naturgetränk
Vom Weingenuß 4
Das Naturprodukt 4
Wie Wein entsteht 7
Von der Maische
 zum Suser 8
Das Werk des Winzers 10

Wein wählen
Wein und Preis 12
Die Rebsorte 13
Die Herkunft 15
Die Qualität 17
Die Prädikatsstufen 18
Der Jahrgang 22
Der Geschmack 24
Der Erzeuger 26

Wein einkaufen
Beim Winzer 27
Auf Weinfesten
 und -messen 29
Im Fachhandel 30
Im SB-Markt 31
Im Lokal 32

Wein lagern
Der Lagerraum 33
Die Einrichtung 35
Die Lebensdauer 37

Die Jungen 38
Die Reifen 39
Die Alten 40

Wein verkosten
Die Weinprobe 41
Die Reihenfolge 43
Das Auge 44
Die Nase 46
Die Zunge 48

Wein servieren
Der Transport 50
Die Trinktemperatur 50
Das Glas 52
Weingläser reinigen 53
Der Korkenzieher 54
Weinflaschen öffnen 54
Schaumweinflaschen
 öffnen 56
Das Einschenken 57
Beanstandungen? 58

Wein zum Essen
Der Aperitif 59
Wein und Menü 60

Die Weinansprache 60

Vom Weingenuß

- Genießen Sie Wein – in Maßen natürlich –, denn er ist »unter den Getränken das nützlichste, unter den Arzneien die süßeste und unter den Speisen die angenehmste« – so schreibt Plutarch.

- Halten Sie es wie die Franzosen und die Italiener: Gönnen Sie sich zum Essen einen leichten, sauber ausgebauten Wein. Er macht Speisen verträglicher und ist eine wunderbare Ergänzung zu jedem guten Gericht.

- Trinken Sie Wein im Freundeskreis, er löst die Zungen und ergibt den schönsten Gesprächsstoff.

- Haben Sie keine Scheu: Weinkennerschaft ist erlernbar – auf vergnügliche Weise.

Das Naturprodukt

- Laut Gesetz ist Wein »das Erzeugnis, das ausschließlich durch vollständige oder teilweise alkoholische Gärung der frischen, auch eingemaischten Weintrauben oder des Traubenmostes gewonnen wird«.

- Wein ist also ein Naturgetränk. Seine Vielfalt erhält er durch die unterschiedlichen Rebsorten, den unterschiedlichen Reifegrad der Trauben, durch die Wachstumsbedingungen, die Boden und Klima liefern, und nicht zuletzt durch die Kunst des Menschen, aus diesen natürlichen Gegebenheiten das Beste zu machen.

- Die Weinrebe – vitis vinifera – ist eine relativ anspruchslose Pflanze, doch brauchen die Trauben ausreichend Wärme, um reifen zu können.

- Die nördliche Weinbaugrenze verläuft beim 50. Breitengrad – also durch Deutschland, die USA und Kanada. Die südliche Weinbaugrenze liegt beim 40. Breitengrad, in Chile, Südafrika und Australien. Zwischen dem 30. Grad nördlicher und dem 30. Grad südlicher Breite gibt es so gut wie keinen Weinbau, dort ist es zu heiß und zu trocken.

- Voraussetzung für feine Weine ist ein warmes Klima, in dem die Rebe genügend Zucker für die alkoholische Gärung bilden kann, aber auch noch genügend Säure in den Weinbeeren bleibt, damit die Weine frisch und fruchtig geraten.

- Bei zu kaltem Klima können die Trauben nicht ausreifen und ergeben dünne, arme Weine ohne Geschmack.

- Zu heißes Klima bringt überreife Trauben hervor, die Weine werden dank des hohen Zuckergehalts alkoholstark, schwer und plump.

- In den nördlichen Weinbaugebieten hat die Lage der Weinberge große Bedeutung. Am Hang gedeihen die Reben vor kalten Winden geschützt, die Frostgefahr ist geringer. Die Nähe von Wasserflächen garantiert außerdem ausgeglichene Temperaturen. Deswegen liegen zum Beispiel die deutschen Weinberge hauptsächlich an Flüssen. Dicht gepflanzte Rebstöcke »wärmen« sich gegenseitig.

- »Gutes« Wetter im Weinbau bedeutet: Ein frühes Frühjahr, damit die Zeit bis zur Lese lang ist; Regen im Sommer, damit die Früchte wachsen; Sonnenschein im Herbst, damit die Trauben reifen.

- Generell brauchen Rotweintrauben mehr Wärme als weiße. Daher überwiegt in südlichen Ländern der Rotwein.

- Von welchem Boden der Wein stammt, ist geschmacklich nicht festzustellen. Doch wissen Weinkenner aus Erfahrung, daß steinige Böden nervige, feinfruchtige Weine, schwere Böden aus Löß und Lehm volle, blumige Kreszenzen und leichte Böden spritzige Weine hervorbringen. Auf Kalkböden gedeihen vor allem Sherry und Champagner.

- Nahezu alle Rebstöcke sind Pfropfreben, das heißt, die edlen europäischen Sorten sind auf amerikanische Unterlagen aufgepfropft – zum Schutz gegen die Reblaus. Ein Geschmacksunterschied ergibt sich dadurch nicht.

- Lesetermine für Vor-, Haupt- und Spätlese werden in Deutschland behördlich festgesetzt. Es wird der Herbstbann ausgesprochen, Unbefugte dürfen den Weinberg während der Ernte nicht betreten.

- Die Reife oder den Zuckergehalt der Trauben stellt der Winzer mit Hilfe der Mostwaage fest.

- Das Mostgewicht wird in Deutschland, der Schweiz und in Luxemburg in Oechsle gemessen.

- Trauben, die ein bestimmtes Mostgewicht unterschreiten, dürfen nicht zu Wein verarbeitet werden.

Wie Wein entsteht

- Reife Trauben werden nach der Lese gemahlen, es entsteht Maische. So nennen die Winzer den Brei aus Traubensaft und festen Teilen der Trauben (Kerne, Häute und Stengel).

- Vor allem Rotweintrauben werden vor dem Mahlen von den Stielen getrennt, das heißt, entrappt. Nicht entrappte Trauben ergeben harte bittere Weine, da der Gerbstoffgehalt zu hoch ist.

- Maische, aus der später Rotwein werden soll, wird mit den Schalen und Kernen vergoren. Die Schalen enthalten den Farbstoff, der dem Rotwein sein typisches Aussehen gibt. Der Alkohol und die Wärme, die bei der Gärung entstehen, lösen die Pigmente. Das Fruchtfleisch allein ergibt nämlich keine Farbe!

- Übrigens: Ein großer Teil der weißen Champagner wird aus blauen Trauben bereitet. Hier entfällt die Maischegärung. In Deutschland ist es verboten, Weißweine aus dunklen Trauben zu bereiten.

- Roséweine entstehen aus der Maische von Rotweintrauben, wobei die farbstoffhaltigen Beerenschalen jedoch vor oder kurz nach der Gärung durch Pressen vom Saft getrennt werden.

- Rotweine können relativ viel Gerbstoffe enthalten. Die Gerbstoffe wirken sich grundsätzlich positiv auf den Wein aus, da sie ihm Haltbarkeit und eine gewisse Festigkeit im Geschmack verleihen. Ein Zuviel an Gerbstoffen macht den Wein jedoch rauh und bitter. Der Stoff baut sich im Verlauf der Reifezeit im Faß oder in der Flasche ab. Daher brauchen Rotweine länger, um trinkfertig zu werden.

Von der Maische zum Suser

- Maische aus weißen Trauben wird sofort nach dem Mahlen gepreßt, blaue Trauben für die Rotweinbereitung nach der Maischegärung. Das Trennen der festen Bestandteile vom Most nennt man Keltern. Die Rückstände bezeichnet man als Trester. Aus ihnen kann Tresterschnaps gebrannt werden. Wir kennen ihn zum Beispiel als Grappa oder Marc.

- Der Traubensaft oder Most beginnt nach dem Keltern sofort zu gären. Die Gärung wird durch Hefezellen bewirkt, die auf den Beerenhäuten sitzen.

- Enthält der Most zu Beginn der Gärung nicht ausreichend Fruchtzucker, wird Rohrzucker, in Italien, wo Zuckerzusatz verboten ist, Mostkonzentrat dazugegeben.

- In Deutschland und Österreich dürfen nur einfache Qualitätsweine ohne Prädikat sowie Land- und Tafelweine »angereichert« werden, in Frankreich nur die höheren Qualitätsweine. Die Zuckermenge ist gesetzlich festgelegt, sie ist am höchsten in der EG-Weinbauzone A, wo ein kühles Klima herrscht.

- Der Zuckerzusatz bewirkt keinen höheren Süßegrad, sondern einen höheren Alkoholgehalt.

- Die Gärung bewirkt, daß aus Traubensaft Wein wird. Der aus den Trauben stammende Fruchtzucker und der eventuell zugesetzte Zucker werden mit Hilfe der Hefen in Alkohol und Kohlendioxid aufgespalten.

- Gezuckerten Wein gibt es nicht. Wenn Sie helle Kristalle am Boden Ihres Glases finden, dann ist es der geschmacksneutrale Weinstein.

- Der Zuckergehalt sinkt während der Gärung zugunsten des Alkoholgehalts. Läßt der Winzer den Most so lange gären, bis fast kein Zucker mehr vorhanden ist, entsteht »trockener« oder durchgegorener Wein.

• Sind die Beeren überreif gewesen, können die Hefen die Zuckermenge nicht bewältigen. Es entsteht ein süßer, dabei alkoholarmer Wein. Das ist zum Beispiel der Fall bei Beeren- und Trockenbeerenauslesen.

• Die Gärung kann vom Kellermeister beeinflußt werden. Wünscht er fruchtige, frische Weine, wird er die Gärung durch Kühlung oder Druck verlangsamen.

• Süße Weine erhält der Winzer, wenn er die Gärung gänzlich abstoppt. So bleibt der Zuckergehalt hoch.

• Durch Zugabe von Hefen oder durch Aufrühren wird die Gärung beschleunigt.

• Schaumwein entsteht in den meisten Fällen durch eine zweite Gärung des fertigen Weins in der Flasche oder im Großraumbehälter. Eingeleitet wird die zweite Gärung durch in Wein gelösten Zucker.

• Schaumwein ohne Zuckerzusatz wird durch eine einzige Gärung des Mostes in geschlossenen Behältern gewonnen. Das ist die älteste Methode, die zum Beispiel bei Asti Spumante angewandt wird.

• Die erste Kostprobe eines noch gärenden Mostes bekommen Sie als Suser, Sauser, Federweißer, Sturm, Bitzler oder Süßkrätzer zu kaufen. Der Most ist trüb, enthält noch viel Zucker und relativ wenig Akohol.

Das Werk des Winzers

- Nach abgeschlossener Gärung wird der junge Wein von der Hefe, die sich abgesetzt hat, in einen anderen Behälter abgepumpt. Der Winzer nennt diesen Vorgang »ersten Abstich«.

- Der von der Hefe getrennte Wein wird nun in weiteren Arbeitsgängen geklärt, geschönt und geschwefelt. Die Höchstmenge des Schwefelzusatzes ist gesetzlich geregelt. Ungeschwefelte Weine altern sehr schnell. Die Schwefelung verhindert Oxidation und erhält den Wein länger frisch.

- Wird der Wein vor dem ersten Abstich direkt auf Flaschen abgefüllt – das Verfahren heißt »sur lie« (auf der Hefe) –, erhält man einen sehr frischen, prickelnden Wein, der sich allerdings nicht lange hält. Ein solcher Wein ist zum Beispiel der Muscadet von der Loire.

- Je nach Weinart erfolgen noch weitere Abstiche. Weine, die für eine lange Lagerung im Faß vorgesehen sind, wie Rotweine aus Bordeaux und Italien, werden in zeitlich längeren Abständen abgestochen als Weißweine, die jung auf die Flasche gefüllt werden.

- In einigen Fällen werden Jungweine verschnitten. Die Möglichkeiten, Weine zu verschneiden, sind gesetzlich begrenzt. Nicht verschnitten werden dürfen Weine aus EG-Ländern mit Weinen aus Drittländern, ebensowenig verschiedene Weinarten (Rot- und Weißwein) und Qualitätsklassen. Außerdem muß der Verschnitt mit den Angaben auf dem Etikett übereinstimmen.

- Verschnitten werden mehrere Rebsorten (im Bordelais, den Côtes du Rhône sowie in Italien sehr verbreitet), um eine Ergänzung der Aromen und Bukettstoffe zu erreichen.

- Verschnitten werden auch verschiedene Rebsorten, Lagen und Jahrgänge, um eine immer gleichbleibende Markenqualität zu erreichen. Ein Beispiel dafür ist der Champagner.

- Bei Sherry und Madeira werden verschiedene Jahrgänge nach dem Solera-System verschnitten.

- Auch Portwein ist ein Jahrgangsverschnitt, wenn er nicht zum Jahrgangs-Portwein erklärt wurde.

- Weißwein, der jung und frisch bleiben soll, wird in Edelstahl-, Kunststoff- oder Betontanks gelagert.

- Die Lagerung in Holzfässern bewirkt, daß Gerbstoffe aus dem Holz in den Wein übergehen und durch das Holz weiter Sauerstoff eindringt. Im Holzfaß ausgebaute Weine haben mehr »Gerüst«, sie schmecken kräftiger. Wie stark die Einwirkung des Holzfasses ist, hängt von der Größe ab. Sehr große Holzfässer üben den geringsten Einfluß aus. In Frankreich und Italien ist für bestimmte Qualitäten die Dauer der Lagerung im Holzfaß vorgeschrieben.

- Der Barrique-Ausbau – »barriques« werden kleine Fässer aus neuem Holz genannt – ist in den letzten Jahren Mode geworden. Er wird für Rot-, aber auch für einige Weißweine (zum Beispiel Chardonnay oder Sauvignon blanc) angewandt. In Deutschland wird in Barriques ausgebauten Weißweinen meistens die Prüfnummer verweigert, da sie als untypisch gelten.

- Nach drei bis neun Monaten Faßlagerung wird der Wein abgefüllt. Einige Weine, vor allem Weißweine, sind dann trinkfertig, andere müssen auf der Flasche nachreifen.

Wein und Preis

- Ein großer Wein hat seinen Preis. Für den Aufwand und die Sorgfalt, einen solchen Wein herzustellen, und die geringen Mengen, in denen solche Weine produziert werden können, muß der Weinmacher einen angemessenen Preis verlangen.

- Bei Weinen des täglichen Konsums ist es schwieriger, das Preis-Leistungs-Verhältnis einzuschätzen. Es kann Ihnen durchaus passieren, daß Sie zuviel Geld für einen wertlosen Wein bezahlen oder auch einen anständigen Tropfen für einen relativ geringen Preis entdecken. Deshalb ist es beim Weinkauf unerläßlich, das Etikett richtig lesen zu können.

- Sicher ist, daß sogenannte »Preisknüller« selten halten, was sie versprechen. Oft bekommen Sie nicht einmal die Qualität, die dem niedrigen Preis angemessen wäre.

- Eine edle Spätlese zu Supermarktpreisen zu erwarten, verbietet schon die kostspielige Herstellungsweise von Prädikatsweinen.

- Wenn Sie sich Ihres Urteils nicht sicher sind, kaufen Sie dort ein, wo Sie probieren können oder zumindest gut beraten werden, damit gehen Sie das geringste Risiko ein.

- .Der Einkauf beim Winzer ist nicht unbedingt preisgünstiger, da viele selbstmarktende Betriebe Endverbraucherpreise verlangen, um keinen grauen Markt entstehen zu lassen.

- Junge Weine einzukaufen und selbst einzulagern, ist meistens günstiger, da Sie dem Winzer oder dem Händler die Lagerkosten ersparen.

Die Rebsorte

- Kaufen Sie für jeden Tag, zum Picknick oder für eine fröhliche Weinrunde am Abend einen leichten, jungen Tafel- oder Landwein zum angemessenen Preis.

- Suchen Sie das Besondere für festliche Gelegenheiten nicht dort, wo angeblich günstige Angebote locken.

- Wenn Sie Wein nach der Rebsorte auswählen wollen, müssen Sie sich an sortenreine Weine halten, die aus einer einzigen Rebsorte gekeltert wurden.

- Die Angabe der Rebsorte auf dem Etikett gibt Hinweise auf wichtige Geschmackskomponenten.

- Ist auf dem Etikett eine einzige Rebsorte angegeben, dann ist der Wein zum überwiegenden Teil aus dieser Rebsorte gekeltert worden (in Deutschland und in Österreich zu mindestens 85%, in Italien liegt die Mindestforderung in vielen Fällen höher).

- Eine Rebsorte anzugeben, ist vor allem in Deutschland, im Elsaß, in Österreich, der Schweiz, mitunter auch in Italien, in Ungarn und in Übersee üblich.

- Sind zwei Rebsorten angegeben und mit einem »und« verbunden, dann sind die Moste zweier Rebsorten miteinander verschnitten worden.

- Ist keine Rebsorte angegeben, so handelt es sich meist um einen Verschnitt mehrerer Sorten. Das ist kein negatives Qualitätsmerkmal: Zum Beispiel sind alle Bordeauxweine Rebsortenverschnitte.

- Als edelste Rebsorten der Welt gelten Weißer Riesling (häufig auch nur Riesling genannt) und Blauer Spätburgunder.

- Aus Chardonnay, Cabernet-Sauvignon und Nebbiolo werden ebenfalls Spitzenweine gekeltert, sie stehen aber nicht immer auf dem Etikett. So stammt zum Beispiel Chablis von der Chardonnayrebe, die Cabernet-Sauvignon-Traube ist für Bordeauxweine von großer Bedeutung. Aus Nebbiolo werden die italienischen Spitzengewächse Barolo und Barbaresco gekeltert.

- Kein Riesling sind trotz der Namensähnlichkeit zum Beispiel Welschriesling, Grauer Riesling, Schwarzriesling, Hunter Riesling.

- Rieslingähnliche Neuzüchtungen sind zum Beispiel: Kerner, Faber, Ehrenfelser, Rieslaner, Optima, Mariensteiner.

- Fruchtige, rassige, dabei säurereiche Weine sind Rieslingweine aus Deutschland und dem Elsaß.

- Blumig und leicht sind Müller-Thurgau-Weine aus Deutschland und der Schweiz. Ähnlich im Geschmack sind Bacchus, Huxelrebe, Reichensteiner.

Die Herkunft

- Neutral, dabei feinfruchtig und mild schmecken Silvanerweine aus Deutschland, dem Elsaß und der Schweiz.

- Würzig schmecken Ruländer aus Deutschland, dem Elsaß und Burgund.

- Aromatisch schmecken Gewürztraminer aus dem Elsaß sowie Muskateller-Weine.

- Samtige, elegante Weine mit leichtem Bittermandelaroma ergibt die Spätburgunderrebe in Deutschland, in Burgund und in Italien.

- Frisch und rassig schmecken die Rotweine aus Trollinger in Deutschland und in Südtirol.

- Die Herkunft eines Weines gibt wichtige Aufschlüsse über die Art eines Weines, denn Klima und Bodenbeschaffenheit prägen seinen Charakter.

- Je enger die Herkunftsbezeichnung auf dem Etikett ist, desto höhere Qualität oder zumindest Individualität können Sie im allgemeinen erwarten.

- Engste Herkunftsbezeichnung in Deutschland ist die Einzellage, allerdings wird niemand die rund 2600 deutschen Einzellagen unterscheiden können. Bei der richtigen Weinwahl hilft da nur das Vertrauen in den Winzer (siehe Seite 27).

- Die Einzellage ist laut deutschem Weingesetz eine relativ kleine, eng abgegrenzte Rebfläche, während die Großlage aus der Zusammenfassung mehrerer Einzellagen besteht.

- Einzellagen und Großlagen sind auf deutschen Etiketten nicht zu unterscheiden. Da hilft nur der Blick in ein Lagenverzeichnis oder einen Weinatlas.

- Das System der Herkunftsbezeichnungen (AC) in Frankreich ist je nach Region unterschiedlich. In Bordeaux ist die engste Bezeichnung zum Beispiel die Gemeindebezeichnung, in Burgund die Lage (Climat oder Clos).

- In Italien bezieht sich die Bezeichnung »classico« auf ein eng begrenztes Kerngebiet, zum Beispiel beim Chianti classico. Im Piemont werden neuerdings Lagen auf dem Etikett genannt.

- Weit gefaßte Herkunftsbezeichnungen tragen zum Beispiel deutsche Tafelweine, Qualitätsweine mit Bereichsangabe und Weine mit allgemeiner AC, zum Beispiel Bordeaux (»Appellation contrôlée«) in Frankreich.

- In nördlichen Anbaugebieten wirkt sich wegen des unterschiedlichen Mikroklimas die engere Herkunft stärker aus als im Süden, wo das Klima gleichmäßiger ist.

Die Qualität

- Einen Wein allein nach der Qualitätsstufe auf dem Etikett auszuwählen, birgt gewisse Risiken. Dennoch ist es gut, zu wissen, was sich hinter den Qualitätsbezeichnungen der Länder verbirgt, weil sie wichtige Hinweise liefern.

- In Deutschland gibt es drei Qualitätsstufen, die auf dem Etikett vermerkt sind: Tafelwein oder Landwein, Qualitätswein bestimmter Anbaugebiete und Qualitätswein mit Prädikat.

- Qualitätsweine bestimmter Anbaugebiete und Qualitätsweine mit Prädikat tragen eine Prüfnummer.

- Tafelweine sind im allgemeinen leichte, preiswerte Schoppenweine aus einem der gesetzlich festgelegten Tafelweinbaugebiete. Sie tragen keine nähere Herkunftsbezeichnung wie Orts- oder Lagennamen. Die Rebsorte darf genannt werden.

- Tafelwein kann in Ausnahmefällen auch die Spezialität eines bestimmten Winzers sein, der seine Weine aus verschiedenen Gründen nicht hat prüfen lassen: Zum Beispiel, weil er sie in neuen Holzfässern (Barriques) ausgebaut hat oder weil sie aus anderen Gründen in der Geschmacksrichtung nicht »gebietstypisch« sind. Diese Weine sind – schon am Preis erkennbar – mit dem Großteil der Tafelweine nicht zu vergleichen. Greifen Sie zu, wenn Ihnen Ihr Winzer oder Weinhändler »seinen« Tafelwein als besondere Spezialität anbietet!

- Landweine enthalten etwas mehr Alkohol als Tafelwein, sie sind für ihr Gebiet typisch, nähere Herkunftsbezeichnungen sind zugelassen.

- Die Qualitätsweine bestimmter Anbaugebiete (QbA) stammen aus einem der neuerdings dreizehn bestimmten Anbaugebiete,

Die Prädikatsstufen

die mit den Tafelweinbaugebieten nicht identisch sind. Die Trauben müssen aus dem Gebiet stammen, nähere Herkunftsbezeichnungen bis zur Einzellage sind erlaubt. QbA-Weine dürfen bis zu einem bestimmten Grad angereichert werden, das heißt, der Alkoholgehalt darf mittels Zuckerzugabe um höchstens 3,5% Vol. erhöht werden (siehe Seite 8).
Es handelt sich um gebietstypische, geprüfte Weine für den täglichen Genuß.

• Qualitätsweine mit Prädikat müssen aus reifem Lesegut gekeltert werden, denn eine Anreicherung mit Zucker ist nicht erlaubt. Sie unterliegen einer behördlichen Lesekontrolle und werden bei der Prüfung sowohl analytisch als auch sensorisch, das heißt, durch Verkosten, geprüft.

• Die Prädikatsstufen für Qualitätsweine in Deutschland heißen: Kabinett, Spätlese, Auslese, Beerenauslese, Trockenbeerenauslese und Eiswein. Der natürliche Zuckergehalt der Trauben bei der Lese ist ausschlaggebend, die Anforderungen sind von Kabinett bis Trockenbeerenauslese steigend.

• Ein Kabinettwein ist fein und delikat, nicht so süß wie eine Spätlese, dafür aber ein guter Begleiter zum Essen. In dieser Klasse finden Sie häufig trockene Weine.

• Eine Spätlese darf nur aus spät gelesenen Trauben stammen. Die Mindestpunktezahl bei der Prüfung liegt höher als beim Kabinettwein. Säurereiche Spätlesen, vor allem aus Rieslingtrauben, eignen sich gut als Begleiter zum Essen.

- Die Auslese-, Beerenauslese- und Trockenbeerenausleseweine sind edelsüße Weine aus vollreifem, edelfaulem, ausgesuchtem Lesegut. Beeren- und Trockenbeerenauslesen werden nur in geringen Mengen geerntet, sind daher hochpreisig und werden zu besonderen Gelegenheiten in kleinen Gläsern genossen.

- Riesling ergibt die edelsten Beeren- und Trockenbeerenauslesen. Aufgrund ihrer kräftigen Säure sind Rieslingauslesen denen aus anderen Rebsorten meistens vorzuziehen. Denken Sie bei Ihrem Einkauf daran, auch wenn Sie für solche Liebhaberweine etwas tiefer in die Tasche greifen müssen.

- Eiswein wird aus am Stock gefrorenen Trauben bereitet. Die Trauben müssen hart gefroren sein, nur so ergibt sich eine Höchstkonzentration an Extraktstoffen. Sie müssen mindestens das Prädikat Beerenauslese besitzen. Eisweine sind teure Raritäten.

- Das System der Qualitätsstufen in Österreich entspricht etwa dem deutschen. Es gibt Tafelweine, Landweine, Qualitätsweine, Kabinettweine und Prädikatsweine.

- Im Unterschied zu Deutschland dürfen österreichische Kabinettweine angereichert werden, wenn das Mostgewicht, das heißt, der Zuckergehalt des Lesegutes, nicht ausreicht.

- Eine österreichische Besonderheit ist der Ausbruch, ein Auslesewein, der zwischen Beerenauslese und Trockenbeerenauslese steht. Er stammt ausschließlich aus edelfaulen, wie Rosinen eingetrockneten Beeren, die mit Most aufgeweicht und dann gekeltert wurden. Eine Spezialität des Burgenlandes.

- In der Schweiz sind Qualitätshinweise wie Auslese und Spätlese nicht gesetzlich geschützt, doch kann man sich auf die Bezeichnungen verlassen.

- Schweizer Weine werden oft unter einer gesetzlich geschützten Marke verkauft. Für sie gelten hohe Qualitätsanforderungen.

- VITI (Vini Ticinesi), eine Schutzmarke für Weine aus dem Tessin, und Attestierter Winzer-Wy für Weine aus der deutschsprachigen Schweiz sind Garantien für gute Qualität.

- In Frankreich ist das System der Qualitätsstufen sehr kompliziert. Es gibt Tafelweine und Landweine – Vins de table und Vins de pays – und Weine mit bestimmter Herkunftsbezeichnung (Appellation contrôlée AC und Vins délimités de qualité supérieure VDQS).

- Tafelweine und Landweine machen den Großteil des französischen Weinangebots aus. Tafelweine unterliegen keiner Klassifizierung, jedoch ist eine Mindestqualität vorgeschrieben. Landweine stammen aus enger begrenzten Gebieten. Tafel- wie Landweine sind sehr unterschiedlich in der Qualität. Hier hilft nur Probieren und Entdecken.

- Die Qualitätsweine mit bestimmter Herkunft (AC und VDQS) unterliegen strengeren Qualitätskriterien. Die Qualitätsstufen sind in jeder Weinregion unterschiedlich geregelt.

- Auf dem Etikett französischer Weine steht häufig das Wort »Cru«. Es bedeutet lediglich »Gewächs« und bietet nur in Verbindung mit Begriffen wie zum Beispiel »Grand« oder »Premier« eine je nach Region unterschiedliche Qualitätsaussage. In Burgund zum Beispiel steht über dem Premier Cru der Grand Cru, im Médoc ist Premier Cru die höchste Qualitätsstufe.

- Auch im Elsaß gibt es Lagen, die als Grand Cru bezeichnet werden. Die Spätlesen und Beerenauslesen des Elsaß heißen »Vendange tardive« und »Sélection de grains nobles«.

- In Italien entspricht das System der Qualitätsbezeichnungen etwa dem französischen. Es gibt Tafel- und Landweine (Vini da tavola und Vini tipici con indicazione geografica) sowie Qualitätsweine mit kontrolliertem Ursprung und mit kontrolliertem und garantiertem Ursprung (Denominazione di origine controllata DOC, Denominazione di origine controllata e garantita DOCG).

- Die Qualitätsbezeichnungen auf dem Etikett geben die wirkliche Qualität in der Flasche nicht wieder. Es gibt Tafelweine – vor allem aus der Toskana –, die qualitativ hoch über manchem Qualitätswein stehen.

- Betrachten Sie die reine Herkunftsangabe als Geburtsurkunde des Weines, und prüfen Sie die Qualität durch Probieren, fragen Sie Ihren Weinhändler oder machen Sie eine Weinreise.

- Superiore, Riserva oder Vecchio weisen auf eine längere Lagerzeit und/oder höheren Alkoholgehalt hin.

- In den übrigen europäischen Ländern sind die Qualitätshinweise auf ähnliche Weise geregelt.

- In Kalifornien gibt es ebenfalls fest umrissene Anbauzonen mit Untergebieten, die AVAs (Approved Viticultural Areas).

- Markenweine garantieren durch ihren Namen stets gleichbleibende Qualität.

Der Jahrgang

- Berühmte Markenweine sind die Champagner. Hier können Sie sich auf den Namen verlassen.

- Markenweine gibt es auch in Deutschland in unterschiedlichster Qualität (zum Beispiel Liebfraumilch).

- Typenweine gibt es in Deutschland seit kurzer Zeit. Es sind einfache bis gehobene Weine gleichbleibender Qualität, hergestellt von einzelnen Erzeugern, von zusammengeschlossenen Weingütern oder von Verbänden in bestimmten Gebieten.

- In Österreich finden Sie den deutschen Typenweinen ähnliche Markenweine von Zusammenschlüssen von Winzern, die gleichbleibende Qualität garantieren.

- Die Jahrgangsangabe ist auf Etiketten der EG-Länder zulässig, aber nicht vorgeschrieben.

- Die Jahreszahl ist mit dem Jahr der Lese identisch. Ist ein Jahrgang angegeben, stammen mindestens 85% des Weines aus diesem Jahr.

- Ist kein Jahrgang angegeben, handelt es sich bei dem Wein meistens um einen Verschnitt aus mehreren Jahren.

- Auf Sekt- und Champagnerflaschen werden Sie normalerweise keine Jahrgangsangabe finden, da es sich hier um Markenprodukte handelt, die aus mehreren Jahrgängen zusammengestellt werden. Jahrgangsschaumweine gibt es nur in guten Jahren.

- Die Jahrgangsangabe auf dem Etikett von Weiß- und Rotweinen verrät zweierlei: ob es sich um einen »guten« oder weniger guten Jahrgang handelt und wie alt der Wein ist. Zum Alter des Weines siehe Seite 37ff.

- Die Güte eines Jahrgangs hängt im wesentlichen vom Reifegrad des Lesegutes ab. Zuwenig Sonne im Herbst läßt die Trauben nicht genügend ausreifen, zuviel Sonne fördert den Abbau der Säuren und läßt den Zuckergehalt so steigen, daß plumpe, wuchtige Weine entstehen.

- Die Unterschiede der Weinjahrgänge sind in nördlichen Weinbaugebieten krasser, weil das Wetter in diesen Breiten größeren Schwankungen unterworfen ist als im Süden.

- Eine Jahrgangsbeurteilung ist immer auf ein Gebiet bezogen, je nördlicher, desto kleiner das Gebiet, über das man verbindliche Aussagen machen kann.

- Wenn Sie spritzige, schlanke, geschliffene Weißweine bevorzugen, wird Ihnen ein »großer« Jahrgang vielleicht weniger zusagen als ein nicht so hoch eingestufter. Hier hilft nur Probieren.

- In einigen weniger günstigen Jahrgängen haben immer wieder Winzer hervorragende Weine gemacht. Hier hilft nur das Vertrauen in den guten Winzer.

Der Geschmack

- Die Geschmacksangabe auf dem Weinetikett ist zulässig, aber nicht obligatorisch.

- Auf dem Etikett finden Sie lediglich die Angabe, ob ein Wein »trocken«, »halbtrocken« oder »lieblich« ist. In Italien gibt es die Angaben »secco«, »amabile« und »dolce«.

- Alle anderen wichtigen Geschmackskomponenten wie zum Beispiel harmonisch, stahlig, rassig, würzig werden Sie auf keinem Etikett der Welt finden. Sie sollten auf Weinkarten in guten Restaurants angegeben sein.

- Mit »trocken« werden Weine bezeichnet, deren Most so lange gegoren hat, bis der allergrößte Teil des Zuckers in Alkohol umgewandelt wurde. In Deutschland darf dieser Restzuckergehalt höchstens 4 Gramm pro Liter betragen (Diabetikerwein) oder 9 Gramm, wenn der Säuregehalt hoch ist, das heißt, höchstens 2 Gramm unter dem Restzuckergehalt liegt. In Franken sind in jedem Fall nur 4 Gramm erlaubt. Das gilt für Deutschland, wo die Weine relativ viel Säure enthalten.

- In Österreich, der Schweiz und Frankreich zum Beispiel kommt die Mehrzahl der Weine trocken in die Flasche, also normalerweise mit weniger als 4 Gramm Zucker pro Liter.

- Ein trockener Wein ist also nicht unbedingt ein »saurer« Wein. Der Säuregrad hat mit dem Ausbau als trockener Wein nichts zu tun. Wenn Sie einen säurereichen Riesling trocken bestellen, können Sie erwarten, daß die Säure in diesem Fall deutlich hervortritt, weil der Gehalt an Restzucker oder Restsüße gering ist. Ein trockener Wein zum Beispiel aus Bordeaux hat wenig schmeckbare Säure.

- Halbtrockene und liebliche Weine enthalten entsprechend mehr Restzucker, jedoch niemals zugesetzten Zucker. Der verbliebene Zucker stammt aus der reifen Weinbeere.

- In Deutschland ist es außerdem üblich, dem durchgegorenen, also trockenen Wein sogenannte Süßreserve, unvergorenen, zuckerreichen Most, meist aus der gleichen Rebsorte, zuzusetzen.

- In Österreich darf die Restsüße von Prädikatsweinen nicht aus Süßreserve stammen.

- Auf welche Weise ein halbtrockener oder lieblicher Wein seine Süße be- oder erhalten hat, sagt Ihnen das Etikett nicht.

- Bei Schaumweinen ist es üblich, den Geschmack auf dem Etikett anzugeben.

- Mehr oder weniger trocken schmeckt ein Schaumwein, je nachdem, wieviel Versanddosage, in Wein gelöster Zucker, dem fertig vergorenen Schaumwein am Ende zugefügt wurde.

- Die Restsüße ist bei trockenem Schaumwein höher als bei trockenem Wein, doch erscheint der Geschmack wegen der Kohlensäure herber als bei einem Stillwein.

- Die Restsüße ist in der EG folgendermaßen festgelegt:

extra brut, extra herb, herb, brut	0–6 g/l
extra trocken, extra dry, extra sec	0–15 g/l
trocken, dry, sec	12–20 g/l
halbtrocken, medium dry, demi sec	17–35 g/l
demi doux	33–50 g/l
mild, süß, doux	über 50 g/l

Der Erzeuger

- Weinfehler lassen sich bei einem halbtrockenen oder süßen Wein oder Schaumwein besser überdecken als bei einem trockenen.

- Trockene Weine eignen sich besonders als Begleiter zum Essen. Halbtrockene Weine werden häufig als Dämmerschoppen nach dem Essen getrunken – vor allem in Deutschland. Süße Weine schmecken am besten zum Dessert, besondere Süßweine (zum Beispiel ein edler Tokajer) auch für sich allein zu besonderen Gelegenheiten.

- Namen von Winzern, auf die Sie vertrauen können, werden Sie nach und nach kennenlernen. Notieren Sie den Namen des Winzers, wenn Ihnen ein Wein besonders gut geschmeckt hat.

- Fragen Sie den Weinhändler Ihres Vertrauens nach Winzern, die einen guten Namen im Weinbau haben.

- Achten Sie in Zeitschriften mit Getränkekolumnen auf Hinweise. Auch Weinführer empfehlen Winzer.

- Der Begriff »Erzeugerabfüllung« hat im deutschen und österreichischen Weingesetz alle anderen Begriffe, wie zum Beispiel »Originalabfüllung«, ersetzt. Er darf nur verwendet werden, wenn der Wein aus dem Lesegut des Betriebes stammt, im eigenen Betrieb hergestellt und abgefüllt wurde.

- In Frankreich entsprechen der Erzeugerabfüllung Be-

Beim Winzer

griffe wie »mise en bouteilles à la propriété«, »mise en bouteilles au domaine«, »mise en bouteilles au château« oder »mise d'origine«.

• Bei italienischen Weinen weisen Begriffe wie »imbottigliato all' origine« oder »dal produttore« auf eine Erzeugerabfüllung hin.

• Erzeugerabfüllungen sind auch Abfüllungen durch Winzergenossenschaften, die das Lesegut ihrer Mitglieder getrennt nach Sorten und Lagen verarbeiten.

• Wird der Wein nicht vom Erzeuger abgefüllt, steht der Name des Abfüllers obligatorisch auf dem Etikett. Das kann eine Großkellerei fernab vom Erzeugergebiet sein oder aber in Burgund ein »négociant-éléveur«, der Jungweine aufkauft, diese in seinen Kellern ausbaut und abfüllt. Letztere genießen oft ein hohes Ansehen, und ihren Namen kann man vertrauen.

• Verbinden Sie Ihre Urlaubsreise einmal mit einer Wein-Entdeckungsreise – es ist ein einfacher und dabei genußreicher Weg zur Weinkennerschaft.

• Beachten Sie die Öffnungszeiten in einem Weinbaubetrieb. Rufen Sie den Winzer vorher an, damit Sie nicht vor verschlossener Tür stehen. Auch der Winzer weiß lieber vorher, ob Kundschaft kommt und richtet sich dann darauf ein.

• Nehmen Sie die Gelegenheit zu einer Kellerbesichtigung oder einem Rundgang über die Weinberge wahr. Sie gewinnen ein Bild von der Art des Betriebes.

• Lassen Sie sich bei einer Weinprobe durch die Atmosphäre und ein freundliches Gespräch nicht vom eigentlichen Probieren ablenken.

- Wenn Sie nicht ganz sicher sind, nehmen Sie nur wenige Flaschen mit, um sie in gewohnter Umgebung noch einmal zu probieren.

- Erkundigen Sie sich, ob der Betrieb auf Versand eingestellt ist – die meisten sind es –, und bestellen Sie per Post oder Spedition.

- Es ist günstiger, die Frachtspesen zu bezahlen, als einen Wein mitzunehmen, der Sie nachher enttäuscht. Das gilt vor allem für höhere Qualitäten und Preise.

- Notieren Sie sich bei deutschen und österreichischen Weinen die Prüfnummern. Dann sind Sie sicher, daß Sie den gleichen Wein bekommen, den Sie probiert haben.

- Wenn Sie im Ausland Wein einkaufen und mitnehmen, erkundigen Sie sich nach den Zoll- und Einfuhrvorschriften. Import aus EG-Ländern ist unkomplizierter und billiger als aus Drittländern.

- Wenn Ihnen der Wein geschmeckt hat, bleiben Sie Ihrem Winzer oder Ihren Winzern treu. Es kann sein, daß Sie dafür auch einmal Spezialitäten oder Raritäten des Hauses angeboten bekommen, die nicht auf der allgemeinen Liste stehen.

Auf Weinfesten und -messen

- Weinfeste und -märkte in vielen Weinbaugebieten Europas bieten eine gute Gelegenheit, die Weine der entsprechenden Region zu verkosten und einzukaufen.

- Kaufen Sie lieber ein paar Flaschen zuwenig als zuviel ein, denn in der heiteren Stimmung eines Festes schmeckt der Wein immer um einiges besser als zu Hause.

- Auf Weinfesten können Sie unverbindlich eine große Anzahl unterschiedlicher Weine bis hinauf zu den kostbaren Beeren- und Trockenbeerenauslesen probieren und so die Eigenart des Gebiets gut kennenlernen.

- Weinmessen wenden sich zwar in erster Linie an den Handel, doch haben in vielen Fällen interessierte Weinfreunde an bestimmten Tagen ebenfalls Zutritt. Meist wird auf diesen Veranstaltungen der letzte Jahrgang vorgestellt.

- Weinmessen gibt es in Deutschland innerhalb und außerhalb der Produktionsgebiete: Zum Beispiel die Mainzer Weinbörse, die Internationale Weinmesse Hamburg, die Eberbacher Weinverkaufsmesse.

- Die größte österreichische Weinmesse ist der Salon österreichischer Wein in Krems. In Südtirol findet alljährlich die Bozner Weinkost statt. In der Schweiz gibt es eine Reihe großer Weinmessen in Genf, Zürich, Lausanne und Sankt Gallen.

- Wenn Sie eine dieser Messen besuchen wollen, wenden Sie sich am besten an die entsprechenden Fremdenverkehrsverbände.

Im Fachhandel

- Je nach Ihren Bedürfnissen können Sie – zumal in Großstädten und Ballungsgebieten – zwischen den unterschiedlichsten Weingeschäften wählen: dem kleinen bis mittleren Fachgeschäft in der Innenstadt, dem Abholmarkt und dem Direktversender. Sie sind entweder auf ein oder zwei Länder spezialisiert, oder sie bieten ein breites Sortiment aus aller Welt an.

- Falls Sie etwas Bestimmtes suchen oder sich einfach einen Überblick verschaffen wollen, hilft oft ein Blick in das Branchenverzeichnis Ihres Telefonbuches.

- Wählen Sie ein Geschäft, in dem Sie den Wein probieren können. Erkundigen Sie sich, ob auch Weinproben veranstaltet werden.

- Achten Sie darauf, wie die Weine gelagert sind. Beim Kauf alter Weine ist das besonders wichtig.

- Ein guter Weinhändler wird Sie genauso gut beraten wie der Winzer. Er kann auf Ihre individuellen Wünsche sogar noch besser eingehen, da sein Sortiment breiter ist.

- Beim Händler bietet sich auch die Gelegenheit, einmal Weine aus Übersee – zum Beispiel aus Kalifornien, Australien, Neuseeland oder Chile – zu probieren.

- Wenn Sie per Katalog beim Direktversender bestellen wollen, brauchen Sie gute Kenntnisse der auf dem Etikett ausgedruckten Angaben. Zumindest sollten Sie mit dem Jahrgang, dem Herkunftsgebiet oder der Lage, am besten auch mit dem Erzeugernamen etwas anfangen können. Bestellen Sie keine großen Mengen. In einigen Fällen werden auch Probierpakete mit Einzelflaschen versandt, die Sie zu Hause in Ruhe verkosten können.

Im SB-Markt

- Supermärkte und Kaufhäuser bieten heutzutage eine breite Palette von Weinen unterschiedlichster Qualität an. Neben billigen Massenweinen finden Sie durchaus beachtliche Kreszenzen.

- Im Großmarkt müssen Sie nach Etikett einkaufen, denn es gibt in den meisten Fällen keinerlei Beratung.

- Nutzen Sie die Gelegenheit, um Ihre Kenntnisse im Etikettenlesen ohne allzu großes Risiko zu überprüfen. Vielleicht macht es Ihnen Spaß, einmal ein kleines Sortiment nach Jahrgang, Herkunft oder Rebsorte ohne Anleitung zusammenzustellen und zu Hause zu probieren.

- Kaufen Sie kleine Mengen oder Einzelflaschen. Sie können meistens mühelos nachkaufen, wenn Ihnen der Wein geschmeckt hat.

- Im SB-Markt oder im Kaufhaus finden Sie eher Genossenschaftsweine als Gutsweine oder Weine von individuellen Winzern.

- Teure, alte Weine aus dem Regal im Kaufhaus zu nehmen, ist riskant, denn das Licht und die Wärme bekommen einem edlen Wein nicht.

- Betrachten Sie Sonderangebote von ursprünglich teuren Weinen besonders kritisch. Wenn der Flüssigkeitspegel alter Weine sehr tief gesunken ist, lohnt sich nicht einmal eine vergleichsweise geringe Geldausgabe.

Im Lokal

- In gehobenen Restaurants mit gut geschultem Personal wird Ihnen der Weinkellner oder Sommelier bei der Wahl behilflich sein. Bleiben Sie dennoch kritisch, und bilden Sie sich mit Hilfe der hoffentlich ausführlich abgefaßten Weinkarte ein eigenes Urteil.

- Von einer guten Weinkarte können Sie erwarten, daß Lage, Qualitätsstufe, Jahrgang, Erzeuger und gegebenenfalls die Rebsorte genannt sind. Wenn Sie etwas vermissen, fragen Sie den Kellner.

- Auf Weinkarten finden Sie häufig auch eine kurze Charakterisierung des Weines, die Ausdrücke der sogenannten Weinansprache enthält. Sie finden die wichtigsten dieser Begriffe auf Seite 62f.

- In mittleren und einfachen Gaststätten außerhalb von Weinbaugebieten werden Sie selten eine gute Beratung bekommen. Sie müssen also nach der Karte bestellen. Wenn diese zuwenig aussagt, bestellen Sie lieber einen offenen Wein als eine zweifelhafte Flasche, die vielleicht noch dazu schlecht gelagert wurde.

Der Lagerraum

- In den Weinstuben der Weinbaugebiete bekommen Sie meist gute Schoppenweine der Winzer von den umliegenden Dörfern.

- Die Straußwirtschaft ist eine deutsche beziehungsweise österreichische Spezialität. Hier schenkt der Winzer seine eigenen Weine aus. Ein Kranz oder ein Strauß aus Zweigen zeigt an, welcher Winzer gerade »ausgesteckt« hat. In der Straußwirtschaft darf nur Eigenbauwein ausgeschenkt werden.

- Wenn Sie nicht sicher sind, ob Sie einen Wein im Restaurant beanstanden sollen oder nicht, lesen Sie auf Seite 58 nach.

- Wenn Sie Wein nur für den täglichen Bedarf kaufen, brauchen Sie keinen besonderen Raum. Die Weine sind heutzutage so stabil ausgebaut, daß sie über kurze Zeit auch sommerliche Temperaturen vertragen.

- Wenn Sie Wein längere Zeit in der Wohnung aufbewahren wollen, wählen Sie eine dunkle, kühle Ecke und wickeln die Flaschen in dicke Schichten von Zeitungspapier ein. Dennoch ist die Lagerdauer nach diesem System begrenzt und sollte nicht Jahre betragen.

- Für einen richtigen Weinkeller, für ein Weinlager also, in dem Sie Ihre Weine ruhen und reifen lassen wollen, brauchen Sie einen geeigneten Raum, am besten einen Keller.

- Die ideale Temperatur eines Weinkellers liegt zwischen 12 und 15°, 1 bis 2° darunter oder darüber schaden nicht. Die Temperaturen dürfen im Lauf des Jahres leicht schwanken.

- Der Weinkeller sollte nicht in der Nähe der Zentralheizung liegen.

- Ist der Keller zu warm, isolieren Sie ihn mit Styropor gegen die Außentemperatur ab. Sehr aufwendig und teuer, aber nützlich ist ein Kühlaggregat. Eine eingebaute Klimatür sorgt für stets gleichbleibende Temperatur und Luftfeuchtigkeit.

- Kontrollieren Sie die Temperatur im Keller mit einem Thermometer.

- In einem warmen Keller reifen die Weine zu schnell.

- Ein zu kühler Keller fördert die Weinsteinbildung, und Ihre Weißweine verlieren an Frische, denn Weinstein bindet die Säure.

- In einem zu kühlen Keller reifen Rotweine nicht oder zu langsam.

- Ein Weinkeller soll dunkel sein. Wein in der Flasche verträgt kein grelles Licht. Vermeiden Sie nicht nur Sonneneinstrahlung, sondern auch zu helle Kellerbeleuchtung, vor allem Neonlicht.

- Wählen Sie den Kellerraum für die Weinlagerung erschütterungsfrei, laufende Maschinen in der Nähe schaden dem Wein.

- Lagern Sie in Ihrem Weinkeller keine anderen Lebensmittel oder Waren, wie zum Beispiel Autoreifen.

- Die Luftfeuchtigkeit des Kellers sollte nicht zu niedrig sein, da sonst die Korken austrocknen. Eine Feuchtigkeit von etwa 70 bis 80% hat sich als ideal erwiesen.

Die Einrichtung

Feuchte, modrige Kellerräume dagegen sind wegen der Schimmelgefahr für die Weinlagerung ungeeignet.

• Wenn Sie keinen Keller haben, können Sie in der Wohnung einen Weinkühlschrank an einem ruhigen Platz aufstellen. Er ersetzt zwar nicht den Keller, bietet dem Wein aber dennoch gleichbleibende Temperaturen, Dunkelheit und die richtige Luftfeuchtigkeit. Weinkühlschränke gibt es in den unterschiedlichsten Ausführungen – mit einer einzigen, einstellbaren Temperatur für die Lagerung, aber auch mit unterschiedlichen Kühlzonen für die richtige Serviertemperatur. Diese Kühl- oder Klimaschränke sind allerdings recht teuer.

• Ordnung im Keller und optimale Lagerbedingungen sind wichtig, damit Sie keine Enttäuschungen mit Ihrer Weinsammlung erleben.

• Wein in Flaschen muß liegend gelagert werden, damit die Flüssigkeit den Korken benetzt und nicht austrocknen läßt. Ausnahme: Flaschen mit Kunststoffpfropfen.

• Weinregale gibt es in unendlich vielen Ausführungen und Materialien zu kaufen. Bedenken Sie, daß Regale aus unbehandeltem Holz in einem Keller mit hoher Luftfeuchtigkeit unter Umständen fäulnisanfällig sein können. Holzkisten, in denen manche Weine geliefert werden, bieten keinen guten Überblick.

• Praktisch sind auch Plastikregale oder Metallregale, die Sie nach dem Baukastensystem Ihren Bedürfnissen entsprechend aufbauen können.

- Drainagerohre, wie sie auf dem Bau verwendet werden, eignen sich sehr gut zur Aufbewahrung von Weinflaschen. Allerdings können Sie das Etikett nicht lesen, ohne die Flasche herauszuziehen. Eine entsprechende Beschriftung ist also notwendig.

- Ein gutes Ordnungssystem im Keller erspart Ihnen Verluste. Der Sinn eines Weinlagers ist schließlich, jeden Wein zu trinken, wenn er seinen Höhepunkt erreicht hat. Es wäre schade um jede Flasche, die nicht mehr trinkbar ist, weil Sie sie übersehen haben.

- Welches Ordnungssystem Sie auch wählen, achten Sie darauf, daß Sie die Flaschen nicht immer wieder aus dem Regal nehmen müssen. Das Schütteln bekommt dem Wein nicht. Beschriften Sie die Regale entweder mit Nummern oder mit den Namen der Weine auf kleinen Etiketten, so daß Sie sich jederzeit gut zurechtfinden.

- Legen Sie Weißweine wegen der Temperatur in die untere Regalhälfte, darüber die Roséweine und die Rotweine in die obere.

- Wenn Sie größere Weinvorräte lagern wollen, ist ein Kellerbuch unerläßlich. Hier tragen Sie die Weine mit dem Einkaufsdatum, dem Preis, der erworbenen Menge und der Bezugsquelle ein. Interessant sind auch Eintragungen über Verkostungen im Verlauf des Reifeprozesses, über das Urteil anderer Teilnehmer an der Verkostung und auch, zu welchem Gericht der Wein besonders gut oder weniger gut gepaßt hat.

- Wenn Sie auch beim Verwalten Ihres Weinlagers nicht auf den Computer verzichten wollen, schaffen Sie sich eines der bereits erhältlichen PC-Programme an.

Die Lebens-
dauer

- Weine durchlaufen einen Lebenszyklus vom Jungwein über den reifen Wein bis zum alten Wein. Wie lange dieser Zyklus dauert und wann ein Wein ungenießbar wird, hängt von vielen Faktoren ab.

- Die Lebensdauer steigt mit der Qualitätsstufe.

- Große, gute Jahrgänge ergeben längerlebige Weine als kleine.

- Die Lagerfähigkeit hängt von der Rebsorte ab.

- Alkoholgehalt und Säure bestimmen die Lebensdauer eines Weines.

- Die Art der Weinbereitung beeinflußt die Lagerfähigkeit des Weines.

- Die Weinbergsböden haben einen gewissen Einfluß auf die Lagerfähigkeit. Weine von leichten Böden altern zum Beispiel schneller.

- Beim Kauf eines Weines fragen Sie am besten Ihren Winzer oder Händler nach der Lagerdauer des Weines und vor allem danach, wann der Wein voraussichtlich seinen geschmacklichen Höhepunkt erreichen wird.

- Schaumwein zu lagern, lohnt sich nur zum Zweck der Vorratshaltung. Er reift in der Flasche nicht nach.

Die Jungen

- Je schneller ein Wein trinkfertig ist, desto kürzer ist seine Lebensdauer.

- Weißweine mit wenig Säure, aber auch mit wenig Restsüße sind für den schnellen Konsum, nicht aber zum Lagern geeignet. Weißweine aus südlichen Anbaugebieten, die sehr wenig Säure enthalten, sind nicht lange haltbar.

- Weißweine werden bei gleicher Qualitätsstufe jünger getrunken als Rotweine – bei ihnen kommt es nämlich auf die Frische an.

- Spezialitäten unter den Rotweinen sind die Primeurs, die heute nicht nur im Beaujolais, sondern auch in Südfrankreich und in Italien gekeltert werden. Durch eine besondere Art der Gärung sind sie bereits nach sechs Wochen trinkfertig – Primeurs eignen sich nicht für eine längere Lagerung.

- Roséweine werden jung getrunken.

- Weißweine aus Silvaner und Müller-Thurgau, Rotweine aus Trollinger und Blauem Portugieser werden jung getrunken.

Die Reifen

- Vor allem Rotweine, aber auch Weißweine höherer Qualitätsstufen aus bestimmten Rebsorten brauchen Zeit, bis sie ihr optimales Geschmacksbild entwickeln.

- Rotweine, die für eine längere Lagerung geeignet sind, schmecken in der Jugend hart, manchmal sogar kratzig.

- Der geschmackliche Höhepunkt der meisten Weine liegt zwischen dem zweiten und dem zwanzigsten Jahr nach der Lese.

- Legen Sie von jeder Weinsorte, die Sie im Keller reifen lassen, ein paar Flaschen zum Verkosten beiseite, damit Sie den Höhepunkt ihrer Entwicklung nicht verpassen.

- Prüfen Sie bei Weinen, die beim Einkauf nicht mehr jung waren, den Füllzustand. Die Flaschen mit dem niedrigsten Flüssigkeitspegel müssen zuerst getrunken werden.

- Rieslingweine von der Spätlese aufwärts sind sehr gut für eine längere Lagerung geeignet. Eine edle Riesling Spätlese erreicht ihr optimales Geschmacksbild etwa zwischen dem fünften und zehnten Jahr. Die hohen Prädikatsstufen wie Beeren- und Trockenbeerenauslese können bis zu hundert Jahre alt werden.

- Alterungsfähig sind bei den Weißweinen, je nach Herkunft und Qualität, Chardonnay, Weißburgunder und Traminer.

- Im Holzfaß ausgebaute Weißweine brauchen nach ihrer Flaschenfüllung noch etwa zwei bis drei Jahre, um ihren Höhepunkt zu erreichen.

- Gehaltvolle, tanninreiche Rotweine brauchen nach der Flaschenabfüllung ein paar Jahre, um ihre Ecken und Kanten zu verlieren. Erst dann entwickeln sie einen

Die Alten

vollen, runden und reifen Geschmack, der so typisch für sie ist!

- Burgunderweine brauchen je nach Qualitätsstufe mindestens fünf Jahre, Bordeauxweine höherer Qualität zehn bis zwanzig Jahre Lagerzeit. Auch den kräftigen Weinen der Côtes du Rhône bekommt die Lagerung in der Flasche.

- Von den italienischen Rotweinen sind es vor allem die Piemonteser Barolo und Barbaresco und die höheren Qualitätsstufen des Chianti classico sowie Brunello di Montalcino, die durch Lagerung gewinnen.

- Die edelsten kalifornischen und australischen Rotweine aus Cabernet und Shiraz eignen sich gut zur Lagerung und Reifung im Keller.

- Alte Weißweine sind dunkel in der Farbe und weisen ein kräftiges Bukett, das sogenannte Firnebukett, auf.

- Edelfirne nennt man den Geschmackston, wenn die Weine ein würdiges Alter erreicht haben. Es mangelt ihnen zwar an jugendlicher Frische, sie sind jedoch sehr bekömmlich und schmecken gut zu kräftig gewürzten Speisen.

- Ist das Stadium der Edelfirne überschritten, geht das Leben des Weines seinem Ende zu. Sherry- oder Oxidationston nimmt dem Wein seine Eleganz und Harmonie. Er ist noch nicht ungenießbar, hat jedoch höchstens noch Nostalgiewert, wenn man ihn etwa zu einem Jubiläum genießt.

Die Weinprobe

- Ein hohes Alter, bis zu hundert Jahren, erreichen unter den Weißweinen hauptsächlich Auslesen, Beerenauslesen und Trockenbeerenauslesen vom Riesling.

- Unter den Rotweinen sind die höchsten Qualitätsstufen aus dem Bordelais besonders langlebig, da sie reich an Extraktstoffen sind. Burgunderweine sind nicht so haltbar, erreichen jedoch auch ein hohes Alter.

- Entscheidend für die Lebensdauer der sehr alten Weine sind, außer dem Jahrgang und der genauen Herkunft, vor allem die Lagerbedingungen.

- Mit Alkohol versetzte, also aufgespritete Dessert- oder Aperitifweine wie Madeira, Portwein und Sherry halten sich fast unbegrenzt lange.

- Veranstalten Sie mit Ihren Freunden eine private Weinprobe. Betrachten Sie die Weinprobe als Gelegenheit, in fröhlicher Runde Weine zu vergleichen und zu genießen.

- Gutes Licht ist wichtig bei der Weinprobe. Schummerige Beleuchtung sorgt zwar für gemütliche Stimmung, ist aber für die Beurteilung von Wein ungeeignet.

- Ein Raum mit weißen Wänden eignet sich besonders gut für eine Weinprobe, da Sie das Glas gegen die helle Fläche halten können. Auch weiße Tischtücher helfen, die Farbe gut beurteilen zu können.

- Der Raum muß frei von Fremdgerüchen sein. Rauch und starkes Parfüm wirken sich sehr störend aus.

- Servieren Sie vorher keine scharfen Speisen, die die Geschmacksnerven abstumpfen.

- Zur Weinprobe paßt kein Käse, so gut er Ihnen zum Wein schmecken mag. Stellen Sie möglichst geschmacksneutrales Brot oder Brötchen bereit, um den Geschmackssinn zwischen den einzelnen Proben zu neutralisieren. Dem gleichen Zweck dient eine Karaffe mit Wasser.

- Legen Sie vor jeden Gast einen Block und Schreibgerät, damit jeder sich seine Eindrücke notieren kann. Auf diese Weise kann jeder für sich, unbeeinflußt von anderen und ohne Scheu vor einer Blamage, sein Urteil fällen.

- Die Gläser müssen weiß, ungeschliffen und dünn sein, damit die Farbe nicht verfälscht wird.

- Stellen Sie für jeden Wein, zumindest aber für jede Weinart ein gesondertes Glas bereit.

- Wählen Sie Gläser, die sich nach oben zu verjüngen, damit sich die Duftstoffe sammeln können.

- In Stielgläsern erwärmt sich der Wein nicht so schnell.

- Achten Sie darauf, daß die Weine die richtige Temperatur haben, und bedenken Sie, daß sich Weißwein in einem warmen Raum schnell um ein paar Grad erwärmt.

- Bieten Sie nicht zuviele Proben auf einmal an. Ungeübte können nach etwa zehn bis fünfzehn Proben nur noch schwer differenzieren.

- Als Themen für eine gesellige Weinprobe bieten sich an: Weine jeglicher Herkunft und Qualitätsstufe, sozusagen einmal quer durch Ihren Weinkeller, Weine eines bestimmten Anbaugebiets, Weine einer Rebsorte aus verschiedenen Gebieten, ein elnziger Wein aus verschiedenen Jahrgängen. Auch die

Die Reihenfolge

Weine eines Winzers eignen sich hervorragend für eine Weinprobe.

• Stellen Sie für den Anfang möglichst unterschiedliche Weine zusammen, damit für jeden Teilnehmer etwas Interessantes dabei ist.

• Ein Krug, in den Ihre Gäste den Wein gießen können, wenn sie das Glas nicht austrinken wollen, gehört ebenfalls auf den Tisch. Alkohol beeinträchtigt das Urteilsvermögen sehr schnell.

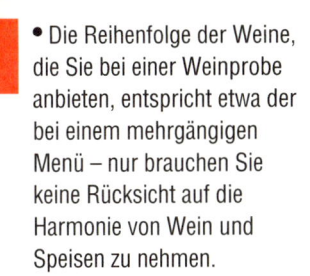

• Die Reihenfolge der Weine, die Sie bei einer Weinprobe anbieten, entspricht etwa der bei einem mehrgängigen Menü – nur brauchen Sie keine Rücksicht auf die Harmonie von Wein und Speisen zu nehmen.

• Die bewährte Weinfolge ist: von leicht nach schwer, von trocken nach süß, von neutral nach aromatisch, von jung nach alt. Weiß vor Rot stimmt nicht immer, denn eine weiße Beerenauslese folgt immer auf den Rotwein, ein sehr junger heller Rotwein wird vor einem altehrwürdigen oder einem stark aromatischen Weißen verkostet.

• Zum Schluß schmeckt ein Glas trockener Champagner oder ein leichter, feiner Weißwein.

Das Auge

- Betrachten Sie den Wein im Glas vor einem neutralen Hintergrund. Mit dem Auge beurteilen Sie die Klarheit, die Farbe, die Flüssigkeit (Viskosität) und gegebenenfalls auch das Perlen eines Weines oder Schaumweines.

- Die Klarheit ist ein wichtiges Qualitätsmerkmal. Nur ein klarer Wein ist einwandfrei. Mit »glanzhell« bezeichnen die Fachleute die höchste Stufe der Klarheit, es ist die Steigerung von »blank«. »Trübe«, »matte« oder gar »blinde« Weine sind nicht einwandfrei.

- Die Klarheit erkennen Sie, wenn Sie das Glas gegen eine helle Lichtquelle halten. Auch wenn Sie den Flüssigkeitsspiegel von oben betrachten, können Sie gut erkennen, wie klar der Wein ist.

- Die Farbe ist das wohl auffälligste Merkmal eines Weines. Halten Sie das Glas vor einen weißen Hintergrund.

- Der Farbton hängt vor allem von der Rebsorte und ihrem Reifegrad ab. So hat eine Riesling Auslese eine goldgelbe Farbe, ein Riesling Kabinett ist eher grünlichgelb.

- Der Farbton verrät auch einiges über das Alter des Weines.

- Weißweine können zitronengelb bis gelbbraun sein.

- Sehr alte Weißweine werden bernsteinfarben bis bräunlich, letztere sind am Ende ihrer Genießbarkeit angelangt.

- Roséweine können fast so hell wie Weißwein oder so dunkel wie ein leichter Rotwein sein.

- Rotweine können purpurrot, kirschrot, feuerrot und bläulichrot sein.

- Rotweine werden im Alter heller, ihr Farbton wechselt von leuchtendem Rot zu Ziegelrot und Bräunlichrot.

- In nördlichen Anbaugebieten sind Rotweine weniger farbintensiv als in südlichen, wo sie fast schwarz sein können. So sind zum Beispiel Spätburgunder-Rotweine aus Deutschland wesentlich heller rubinrot als die aus Burgund.

- Ob ein Weißwein leicht dickflüssig ist, erkennen Sie, wenn Sie das Glas kreiselnd schwenken. Je stärker die Konsistenz ist, desto mehr Schlieren oder »Kirchenfenster« bilden sich an der Glaswand.

- Ein leicht dickflüssiger Wein enthält viel Glycerin, einen dreiwertigen Alkohol, der dem Wein Vollmundigkeit und Körper verleiht. Auslesen zum Beispiel bilden »Kirchenfenster«. Die Schlieren weisen auf Alkohol- und/oder Zuckerreichtum hin.

- Spülen Sie die Gläser gut mit klarem Wasser nach, denn Spülmittelreste mindern die Bildung von Schlieren.

- Achten Sie als nächstes darauf, ob der Wein – nicht Schaumwein – kleine Perlen am Grund des Glases zeigt. Diese winzigen Perlen geben dem Weißwein Frische. Sie treten vor allem bei Schweizer oder französischen Weinen auf, die direkt von der Hefe abgefüllt wurden. Auch Moselweine zeigen manchmal ein leichtes Perlen.

- Etwas anderes sind Perlweine wie die italienischen Vini frizzanti. Der Prosecco ist ein Beispiel dafür. Ihr Perlen ist stärker als bei den oben genannten Weinen, jedoch bedeutend schwächer als bei Schaumwein. Es verschwindet relativ rasch nach dem Einschenken der Gläser.

- Bei Schaumwein beurteilen Sie die Qualität des Mousseux. Positive Merkmale sind das ruhige und beständige Aufsteigen möglichst feiner Bläschen und ein dichter, beständiger Schaum.

Die Nase

- Der Geruch eines guten Weines kann ebenso viel Genuß bringen wie sein Geschmack.

- Halten Sie das Glas zunächst ruhig, und »schnüffeln« Sie daran.

- Schwenken Sie dann das Glas mit einer kreiselförmigen Bewegung, damit die weniger flüchtigen Duftstoffe frei werden.

- Die erste, wichtige Wahrnehmung ist die Reintönigkeit. Duftet der Wein sauber, oder nehmen Sie störende Geruchsfehler wahr?

- Geruchsfehler weisen auf Krankheiten oder falsche Behandlungsmethoden im Keller hin.

- Typische Geruchsfehler sind Essigstich, Schwefelgeruch, Muffton und Böckser, ein Geruch nach faulen Eiern

- Junge Weine haben noch keinen so komplexen Duft wie ältere, man nennt sie daher »verschlossen«. Die Rebsorte ist jedoch bei ihnen deutlich zu erkennen.

- Ältere und alte Weine erhalten durch die Lagerung das sogenannte Lagerbukett, das durch die Entwicklung der verschiedenen chemischen Substanzen im Wein sehr reichhaltig sein kann. Es überdeckt vielfach den charakteristischen Duft der Rebsorte.

- Jede Traubensorte entwickelt charakteristische Geruchsstoffe. Man vergleicht die Düfte mit Obstsorten wie Pfirsich (zum Beispiel beim Riesling) oder Birnen (zum Beispiel beim Prosecco) oder mit Bittermandel (zum Beispiel beim Blauen Spätburgunder). Besonders deutlich ist der sortentypische Duft bei den Muskatsorten wie Müller-Thurgau, Muskateller oder Sémillon blanc.

- Nach der Intensität des Geruchs reicht die Skala von verschlossen und zart über dezent, ausgeprägt, aromatisch bis aufdringlich.

- Zu den Geruchsstoffen zählen auch die Aromen, die im Rachen wahrgenommen werden, wenn sich der Wein im Mund befindet. Sie werden bei der Gärung gebildet und tragen mit den Geschmacksstoffen zum Gesamtbild des Weines bei.

47

Die Zunge

- Um den Wein nun wirklich zu verkosten, also seinen Geschmack zu prüfen, nehmen Sie einen kleinen Schluck und lassen ihn über die Zunge rollen, damit er an alle Geschmackszonen der Zunge gelangt.

- Saugen Sie beim Probeschluck immer etwas Luft mit ein, damit die Duftstoffe frei werden.

- Die Zunge schmeckt vorn am intensivsten, zum Zungengrund hin bleibt der Geschmack länger erhalten.

- Die Zungenspitze nimmt die Süße wahr. Die vorderen Seitenränder der Zunge empfinden salzige Eindrücke, die hinteren Seitenränder saure. Der Zungenhintergrund registriert bitteren Geschmack.

- Alles, was Sie sonst im Mund zu schmecken glauben, sind Aromen, die beim Ausatmen durch die Nase hindurch wahrgenommen werden.

- Mit dem Tastsinn empfinden Sie im Mund Kühle oder Wärme sowie das Prickeln von Kohlensäure.

- Der Alkoholgehalt mildert den sauren Geschmackseindruck.

- Süße und Säure sollen in einem harmonischen Verhältnis zueinander stehen.

- Über die Säure urteilt man positiv mit Begriffen wie: mild, frisch, rassig, säurebetont. Negative Merkmale sind spitz, sauer, unreif.

- Die süßen Geschmackseindrücke sind positiv, wenn sie als harmonisch, halbtrocken, edelsüß zu bezeichnen sind. Ein pappig süßer Wein hat nicht die Eigenschaften, die man von einem guten Wein erwartet.

- Der bittere Geschmack kommt von den Gerbstoffen, wie sie verstärkt in Rotweinen enthalten sind. Sie werden als angenehm empfunden, wenn sie den Wein samtig, feinherb oder herb erscheinen lassen. Wenn der Wein hart wirkt, ist er entweder zu jung oder die Trauben waren unreif. Der Geschmack wird als unangenehm empfunden.

- Entscheidend ist die Harmonie der Geschmackseindrücke. Ein Wein wird Ihnen gut schmecken, wenn alle Geschmackskomponenten in einem optimalen Verhältnis zueinander stehen, ohne daß ein langweiliger, flacher Wein daraus entsteht.

- Geschmacklich macht sich auch der Extraktgehalt des Weines bemerkbar, das heißt, der Gehalt an festen Stoffen, die nach Verdampfen der Flüssigkeit zurückbleiben. Ein extraktreicher Wein schmeckt kräftig, man nennt ihn auch körperreich, im Extremfall ist er plump. Ein zarter Wein hat weniger Extraktstoffe, er besticht durch seine Frische und Schlankheit, doch dünn oder gar wäßrig sollte er nicht schmecken.

- Zum Schluß beurteilen Sie den Abgang. Wenn ein Wein noch mehrere Sekunden im Mund »nachklingt«, dann ist das ein gutes Zeichen für seine Qualität.

Der Transport

- Wein ist heutzutage so stabil, daß Sie ihn getrost im Auto, auch über längere Strecken, transportieren können.

- Leichte, magere Weine leiden mehr unter dem Transport als gehaltvolle Spitzenweine.

- Lassen Sie den Wein nach einem längeren Transport ein paar Tage ruhen.

- Den Wein, den Sie beim Weinhändler um die Ecke oder am Stadtrand gekauft haben, können Sie noch am gleichen Abend genießen – vorausgesetzt, er hat die richtige Temperatur.

Die Trinktemperatur

- Die richtige Temperatur trägt entscheidend zum Weingenuß bei. Zu kalter Wein macht die Geschmacksnerven unempfindlich, sein Aroma kann nicht wahrgenommen werden. Zu warmer Wein schmeckt schal und hat seine Frische verloren – auch Rotwein!

- Für jede Weinart gibt es einen optimalen Temperaturbereich, in dem die Inhaltsstoffe am besten zur Geltung kommen, daher sollten Sie die wenigen Grundregeln einhalten – dem Wein und dem Genuß zuliebe!

- Schaumwein soll frisch schmecken, aber nicht eiskalt sein. Das gleiche gilt für Perlwein, wie zum Beispiel den Prosecco. 8 bis 10° sind zu empfehlen. Süße und rote Schaumweine können noch 1 bis 2° wärmer sein.

- Leichte, junge Weißweine sollen frisch schmecken. Ihnen bekommt eine Temperatur zwischen 9 und 11°.

- Gehaltvolle, edle Weißweine bringen ihre reichen Aromastoffe besser zur Geltung, wenn Sie sie bei etwa 12 bis 13° servieren.

- Leichte Rotweine sowie Roséweine schmecken bei etwa 13° so frisch, wie es der unkomplizierten, leichten Art italienischer Landweine, junger Beaujolais, aber auch einem Trollinger zusteht.

- Edle, gehaltvolle Rotweine brauchen ein paar Grad mehr, um ihre reichen Duft- und Aromastoffe voll entwickeln zu können. Sie sollen aber auf keinen Fall »chambriert« oder zimmerwarm sein, denn dann schmecken auch sie abgestanden und schal. Höchstens 18° für die schweren, lieber 1 bis 2° weniger für die anderen!

- Auslesen und andere edle Dessertweine entwickeln ihre Geschmacksstoffe zwischen 13 und 15° besonders vorteilhaft. Sherry wird kühler – bei etwa 11° – als Port und Madeira getrunken (15 bis 18°). Hier gilt die Faustregel: je trockener, desto kühler.

- Um die richtige Serviertemperatur zu erreichen, sollten Sie niemals gewaltsam vorgehen.

Das Glas

- Stellen Sie einen Rotwein, der zu kühl aus dem Keller heraufgebracht wird, nicht neben die Heizung, und legen Sie zu warmen Weißwein nicht ins Tiefkühlfach.

- Bedenken Sie, daß sich Wein in einem Raum schnell erwärmt. Die Temperatur sollte beim Öffnen der Flasche etwa 1 bis 2° unter der gewünschten Trinktemperatur liegen.

- Falls Sie unsicher sind: Besorgen Sie sich im Fachhandel oder gut sortierten Haushaltswarengeschäft ein Flaschenthermometer, mit dem Sie die exakte Temperatur messen können.

- Das ideale Weinglas ist farblos, sonst kommt die Farbe des Weines nicht zur Geltung.

- Das Weinglas soll sich nach oben verjüngen, sonst verfliegen die Duftstoffe.

- Wählen Sie Rotweingläser etwas größer als Weißweingläser. Weißwein wird häufiger nachgeschenkt, da er nicht warm werden soll.

- Verwenden Sie für Dessertweine kleine Gläser, die Sie auch für den Aperitif verwenden können. Beides wird in kleinen Mengen getrunken.

- Für Schaumweine eignen sich spitze Kelche, in denen die Perlen gleichmäßig langsam aufsteigen. In Sektschalen verschwindet das Mousseux sehr schnell.

- Weißwein- und Schaumweingläser sollten einen Stiel haben, damit der Wein in der Hand nicht warm wird.

Weingläser reinigen

- Bei einem mehrgängigen Menü werden die Gläser nach jeder Weinart gewechselt.

- Wechseln Sie bei einem Umtrunk unter Freunden die Gläser auf jeden Fall, wenn Sie von Weiß- auf Rotwein übergehen.

- Decken Sie bei einem mehrgängigen Menü die Gläser von rechts nach links in der Reihenfolge, in der sie gebraucht werden.

- Wenn Sie Weingläser mit Spülmittel gewaschen haben, spülen Sie mit klarem Wasser gründlich nach, da Spülmittelreste den Geschmack des Weines beeinträchtigen.

- Spülen Sie Schaumweingläser niemals mit Spülmitteln, da ihre entspannende Wirkung das Perlen mindert.

- Wenn Sie sehr edle Weine kredenzen, spülen Sie das Glas vor dem Einschenken mit etwas Wein aus.

- Spülen Sie Gläser, die sehr lange im Schrank gestanden haben, vor dem Einschenken aus.

Der Korkenzieher

- Das Design eines Korkenziehers spielt keine Rolle. Wichtig ist, daß er im unteren Teil die Form einer offenen Spirale hat, durch deren Windung man ein Streichholz stecken kann. Korkenzieher in Form eines Bohrers zerstören den Korken.

- Die Spitze sollte scharf sein und dem Lauf der Spirale folgen, also nicht zentriert sein.

- Korkenzieher mit Hebelarm oder Gegengewinde haben den Vorteil, daß die Flasche kaum geschüttelt wird.

- Verwenden Sie Korkenzieher, die Sie mit einer Hand betätigen können – die andere Hand kann dann die Flasche festhalten.

Weinflaschen öffnen

- Der Korken ist immer noch der am häufigsten verwendete Flaschenverschluß. Kronkorken und Schraubverschlüsse haben sich bisher nicht durchsetzen können, obwohl sie einen besseren Schutz gegen das Eindringen von Sauerstoff bieten. Sie werden in Zukunft jedoch häufiger verwendet werden, da die Naturkorken wegen der ständig steigenden Nachfrage in Zukunft immer rarer werden.

- Metall- oder Plastikkapseln dienen dem Schutz des Korkens.

- Vor dem Öffnen der Weinflasche schneiden Sie die Kapsel an der Verdickung des Flaschenhalses, unterhalb der Mündung, mit einem scharfen Messer ab. Der Wein darf keinesfalls mit dem Metall in Berührung kommen.

- Schneiden Sie auch Plastikkapseln auf die gleiche Weise ab, damit nicht kleine Schmutzpartikel, die sich zwischen Glas und Kapsel festgesetzt haben, in den Wein gelangen.

- Reinigen Sie vor dem Korkenziehen die Mündung des Flaschenhalses mit einem sauberen Tuch, damit keine Schmutzpartikel in den Wein gelangen. Das kann bei älteren Weinen einige Mühe kosten, ist aber in diesem Fall besonders notwendig.

- Wischen Sie nach Entfernung des Korkens den Flaschenhals innen und außen noch einmal ab.

- Sollte der Korken einmal in den Flaschenhals gerutscht oder abgebrochen sein, versuchen Sie, ihn schräg mit dem Korkenzieher zu fassen und langsam herauszuziehen.

- Öffnen Sie Rotweinflaschen mindestens eine Stunde vor dem Servieren, damit der Wein Kontakt mit Sauerstoff bekommt und seine lange in der Flasche eingesperrten Inhaltsstoffe zum Leben erwachen.

- Öffnen Sie Weißweinflaschen erst kurz vor dem Einschenken.

Schaumweinflaschen öffnen

- Die Flasche vor dem Entkorken nicht schütteln. Lieber noch einen Augenblick im Sektkühler stehen lassen.

- Die Sektgläser vor dem Öffnen bereitstellen.

- Zuerst eventuell vorhandenes Stanniolpapier entfernen. Die sogenannte Agraffe, die Verschlußkappe aus Draht, lösen Sie, indem Sie die Schlaufe aufdrehen oder durch Hin- und Herbewegen abbrechen. Dabei den Stopfen mit der anderen Hand festhalten.

- Knallende Korken können Lampenschirme durchlöchern oder gar ins Auge gehen. Das trägt nicht gerade zur fröhlichen »Sektlaune« bei. Daher den Korken vorsichtig lockern, bis er sich mühelos herausziehen läßt. Die Flasche dabei schräg halten.

- »Widerspenstige« Korken, vor allem aus Naturkork, zur Not mit einer »Sektzange« lockern. Bricht der Korken ab, muß der normale Korkenzieher her.

- Polyäthylen-Pfropfen lassen sich leichter entfernen als Naturkorken. Ein weiterer Vorteil: Wenn Sie eine angebrochene Flasche aufheben wollen, drehen Sie den Kunststoffpfropfen wieder in den Flaschenhals und stellen die Flasche in den Kühlschrank. Durch den Druckabfall in der Kälte hält sich das Mousseux.

- Wenn Sie häufig angebrochene Schaumweinflaschen aufheben, besorgen Sie sich einen eigens konstruierten Flaschenverschluß.

Das Einschenken

- Es zeugt keinesfalls von Geiz, sondern von Weinkennerschaft, wenn Sie die Gläser höchstens zu zwei Dritteln füllen. Die größeren Rotweingläser werden sogar nur halb gefüllt. Nur so können sich die Duftstoffe im oberen Teil des Glases sammeln. Und der Duft trägt erheblich zum Weingenuß bei.

- Gießen Sie sich als Gastgeber den ersten Schluck Wein selbst ein, und prüfen Sie Qualität und Temperatur. Eventuelle Korkkrümel befinden sich dann in Ihrem Glas und nicht in dem Ihres Gastes.

- Tischweine werden rechtsherum, das heißt, rechts vom Gast stehend eingeschenkt, den Damen zuerst. Im zwanglosen Freundeskreis bleibt es Ihnen überlassen, in welcher Form und Reihenfolge Sie einschenken und Ihren Gästen zuprosten.

- Schaumweingläser stehen bereit, wenn die Flasche geöffnet wird. Schenken Sie zuerst ein, und verteilen Sie dann die vollen Gläser.

Beanstandungen?

- Zu Hause oder im Restaurant kann es passieren, daß Ihnen der erste Schluck oder der erste Blick auf den Wein nicht so recht behagt. Fehlerhafte Weine können Sie dem Händler oder Winzer zurückgeben oder den Wein im Lokal zurückgehen lassen.

- Kleine, durchsichtige Kristalle am Boden des Glases stellen keinen Grund zur Beanstandung dar. Es handelt sich um Weinstein, einen natürlichen Bestandteil des Weines, der einen Teil der Weinsäure bindet. Die Kristalle sind geschmacksneutral, der Wein schmeckt durch den Säureausfall höchstens eine Spur milder.

- Alte Rotweine und auch Portweine setzen ein sogenanntes Depot ab, eine Mischung aus ausgeflockten Gerb- und Farbstoffen. Depot ist kein Grund zur Beanstandung.

- Weine mit Depot sollten Sie vor dem Servieren dekantieren: Füllen Sie den Wein in eine Karaffe um, damit die festen Bestandteile nicht in die Gläser gelangen. Das sollte langsam und behutsam geschehen, am besten vor einer Lichtquelle, damit sich das Depot nicht in der Karaffe wiederfindet. Das Dekantierkörbchen erfüllt den gleichen Zweck. Alte, edle Rotweine sollten Sie schon ein bis zwei Stunden vor dem Servieren umfüllen.

- Korkgeschmack ist immer ein Grund zur Beanstandung.

- Es gibt zwei Arten von Korkgeschmack. Der echte Korkton ensteht schon an der Korkeiche, wenn Pilze das Gewebe schädigen. Der andere, weit häufiger auftretende ist eigentlich ein Schimmelgeschmack, der durch unsauber verarbeitete Korken verursacht wird.

Der Aperitif

- Korkgeschmack erkennen Sie eindeutig, wenn Sie Ihr Glas mit 2 Teilen warmem Wasser und 1 Teil Wein füllen. Ist tatsächlich Korkgeschmack im Wein, dann entwickelt sich jetzt ein sehr unangenehmer Geruch.

- Firne ist ein Alterungston, den einige Weinfreunde schätzen, solange der Wein nicht schal und abgelebt schmeckt. Wenn leichte Weine einen Oxidations- oder sogenannten Sherryton aufweisen, sollten Sie ihn beanstanden.

- Die Sitte, vor dem Essen einen Aperitif anzubieten, hat sich auch in Deutschland verbreitet. Wein vor dem Essen bringt Entspannung und stimmt die Geschmacksnerven auf die Speisen ein.

- Reichen Sie vor dem Essen einen trockenen Sherry oder Port, einen trockenen Sekt, Champagner oder einen anderen Schaumwein, einen leichten, jungen trockenen Weißwein.

- Würzige, volle Weine eignen sich nicht für den Genuß vor dem Essen, da sie die Geschmacksnerven eher abstumpfen.

Wein und Menü

- Wein und Speisen ergänzen sich auf ideale Weise.

- Zum Essen können Sie alle Arten von Weinen reichen – außer sie sind sehr süß oder sehr aromatisch, so daß sie den Geschmack der Speisen übertönen. Diese Weine passen nur zum Dessert.

- Bei einem alltäglichen Menü genügt es, wenn Sie einen Wein servieren, der gut zum Hauptgang paßt.

- Bei festlichen, mehrgängigen Menüs wird der Wein je nach Gericht und Zubereitungsart gewechselt.

- Die Frage: »Welcher Wein paßt zu welchen Speisen?« wird heute viel großzügiger behandelt als noch vor ein paar Jahrzehnten. Sie können auf Harmonie setzen oder auf Kontrast – wichtig ist, daß Ihnen der Wein zu dem Gericht schmeckt.

- Zu Vorspeisen reichen Sie am besten einen leichten, trockenen Weißwein. Das gleiche gilt für Fisch. Je kräftiger der Fisch im Geschmack ist, desto geschmackreicher darf auch der Wein sein. Zu gebratenem Fisch schmecken auch schwerere, trockene Weißweine. Zur Gänseleber wird auch ein leicht süßer Wein, zum Beispiel eine Spätlese trocken, empfohlen.

- Zum hellen Fleisch von Kalb oder Schwein wurden früher nur Weißweine gereicht. Versuchen Sie es auch einmal mit einem leichten, hellen Rotwein!

- Zu dunklem Fleisch von Rind oder Lamm harmonieren am besten kräftige, dunkle Rotweine. Doch auch ein zarter Spätburgunder wird Ihnen sicher dazu schmecken.

- Zu hellem Geflügel passen kräftige Weißweine, aber auch feine Rotweine.

- Dunkles Fleisch von Gans, Ente oder Truthahn wird meist von Rotwein begleitet, aber auch ein gehaltvoller Weißwein rundet den Geschmack vorteilhaft ab.

- Zu Wild und Wildgeflügel wird meistens Rotwein gereicht – schwerer oder leichter, je nach Geschmack. Zur Abwechslung sind auch ein älterer, kräftiger Weißwein oder eine Spätlese willkommene Begleiter zu diesen Gerichten.

- Zu Käse paßt durchaus nicht nur Rotwein, obwohl man in Frankreich gern das Mahl mit dem letzten Schluck Rotwein und Käse beschließt. Zum Blauschimmelkäse sollten Sie einmal einen Dessertwein probieren, zum Beispiel eine Beerenauslese oder einen Gelbwein aus dem Jura. Zu mildem, sahnigem Käse können Sie vom halbtrockenen Weißwein über Rosé bis hin zu leichten Rotweinen aus einer großen Palette wählen.

- Zu Süßspeisen werden süße Weine serviert – vom Champagner bis zum süßen Sherry oder Port, von der edlen Beerenauslese bis zum würzigen Weißwein.

- Bei einem Menü mit vielen Gängen schmeckt zur Erfrischung ein trockener Champagner zwischendurch.

- Zu Gerichten in Weinsauce oder -marinade reichen Sie am besten den Wein, mit dem das Gericht zubereitet wurde.

- Achten Sie bei der Auswahl der Weine auch auf ihre Abfolge im Menü. Im allgemeinen folgt Rot auf Weiß, schwer auf leicht. In der Reihenfolge der Speisen reicht man ja auch die leichten Vorgerichte zuerst und die gewichtigeren Fleisch- oder Wildgerichte am Ende des Menüs.

Die Wein-
ansprache

Abgang erwünschter Nachgeschmack eines guten Weines im Mund

Aroma Geruchseindruck, der sich beim Hinunterschlucken bemerkbar macht

Blumig Wein mit feinem, zarten Duft

Bukett Gesamtheit der Geruchsstoffe

Dick ähnlich wie plump, ein Wein ohne Eleganz und Finesse

Dünn Bezeichnung für alkohol- und extraktarmen Wein

Durchgegoren Wein, der wenig oder keinen Restzucker enthält

Edelfirn Bezeichnung für alten Wein, der sich noch angenehm verkostet

Elegant Rassiger, feiner Wein mit angenehmer Säure

Fad säurearmer, flacher Wein

Feurig Rot- oder Weißwein mit viel Alkohol und Extrakt, oft von Vulkanböden

Firne nach der Edelfirne eintretender, unangenehmer Geschmackston alter Weißweine, die ihre Frische verloren haben

Frisch Wein, der neben einer angenehmen Säure noch etwas Kohlendioxid enthält

Fruchtig Geschmack nach Trauben oder anderen Früchten

Gefällig Wein ohne besondere Eigenschaften

Geschmeidig harmonischer, eleganter Wein

Glatt süffiger, milder Wein

Grün unreifer Wein mit unangenehm aufdringlicher Säure

Harmonisch Wein, dessen Geruchs- und Geschmacksstoffe sich harmonisch zusammenfügen

Herb Wein mit hohem Gerbstoffgehalt

Kernig säure- und körperreicher Wein

Körperreich voller, runder Wein mit viel Extrakt

Kurz Wein, dessen Geschmack im Mund nicht vorhält

Lebendig säurebetonter, jugendlicher, nicht unbedingt junger Wein

Leicht alkoholarmer, doch angenehm süffiger Alltagswein

Lieblich säurearmer, oft leicht süßer Wein

Nervig säurebetonter Wein mit Ausdruck und Finesse

Ölig leicht dickflüssiger Wein mit hohem Glyceringehalt

Reif Wein auf dem Höhepunkt seiner Entwicklung

Rund harmonischer, voller Wein

Saftig fruchtiger, voller Wein (Gegenteil von trocken)

Samtig weicher Rotwein ohne zu viele Gerbstoffe mit viel Extrakt

Schwer Wein aus südlichen Gebieten mit viel Alkohol und Extrakt

Spiel nuancenreicher Wein hat Spiel

Spitz Wein mit unangenehm hervortretender Säure aus unreifen Trauben

Stahlig ausdrucksvoller Wein mit angenehmer Säure

Stoffig kräftiger, voller Wein

Trocken durchgegorener Wein mit geringem Restsüßegehalt

Voll körperreicher Wein

Würzig Wein mit spezifischem Traubenaroma, vor allem aus Muskattrauben

Impressum

Die Deutsche Bibliothek-CIP-
Einheitsaufnahme
Piroué, Susi:
Wein: kennen – wählen –
geniessen / Susi Piroué.
– 1. Aufl. – München: Gräfe und
Unzer, 1993
(Die besten GU-Tips)
ISBN 3-7742-1660-6

1. Auflage 1993
© Gräfe und Unzer Verlag GmbH
München.
Alle Rechte vorbehalten.
Nachdruck, auch auszugsweise,
sowie Verbreitung durch Film,
Funk und Fernsehen, durch foto-
mechanische Wiedergabe, Ton-
träger und Datenverarbeitungs-
systeme jeglicher Art nur mit
schriftlicher Genehmigung des
Verlages.

Redaktion: Bettina Bartz
Illustrationen: Ada Forster
Layout: Heinz Kraxenberger
Herstellung: Robert Gigler
Umschlaggestaltung:
Heinz Kraxenberger
Satz: DTP BuchHaus.
Kraxenberger.Gigler.GmbH
Druck und Bindung: Appl
ISBN: 3-7742-1660-6

Susi Piroué
ist gelernte Verlagsbuchhändlerin.
Seit vielen Jahren befaßt sie
sich als Autorin und Redakteurin
mit Wein- und Kochbüchern.
Auf zahlreichen Reisen in die
Weinbaugebiete Europas, auf
Weinseminaren und durch
Kontakte mit Fachleuten konnte
sie ihr fundiertes Wissen vom
Wein und seiner Kultur erweitern
und vertiefen.